101

TIPS Y TÉCNICAS PARA COCINAR

Capítulos

CAPÍTULO 1

CONSEJOS GENERALES DE COCINA

1

Agregue un poco de ralladura

Cuando una receta requiere una "ralladura" de una fruta cítrica, es refiriéndose a la parte exterior colorida de la piel, no a la parte blanca interior, que se conoce como la médula. La ralladura contiene todos los aceites cítricos aromáticos y proporciona un toque cítrico a la receta. Un método simple para obtener una ralladura fina frotando la fruta contra los agujeros más pequeños de un rallador de queso.

2

No tenga miedo a experimentar

Los buenos cocineros nunca tienen miedo de desviarsede una receta y agregar su propio estilo. Siempre que haga una sustitución, asegúrese de anotar la receta para que la recuerde la próxima vez. Si te gustó el cambio o no.

3

Mantequilla salada vs Mantequilla sin sal

La mantequilla está disponible con y sin sal. La sal se agrega para darle más sabor y ayudar a preservarla para que tenga una vida útil más larga. El problema es que a veces la sal de la mantequilla puede ser más de lo que necesita una receta. Elegir mantequilla sin sal le da más control sobre la cantidad de sal que contiene su plato. Si solo tiene mantequilla salada, lo mejor que puede hacer es omitir aproximadamente ¼ de cucharadita de sal por ½ taza (una barra) de mantequilla usada en la receta.

4

Usa tijeras de cocina

En este momento, probablemente solo use las tijeras de cocina para abrir envases y bolsas de leche. Pero la próxima vez que corte la grasa de un asado, abra pitas o corte el pollo en tiras, ¡considere usar sus tijeras! Los chefs los usan todo el tiempo para cortar carnes y otros alimentos. Probablemente sea mejor tener un par que estén designados solo como tijeras para alimentos. Y asegúrese de limpiarlos muy bien después de cada uso porque tienen grietas donde las bacterias pueden esconderse.

5 Mantenga sus recetas organizadas

Nada es más frustrante cuando estás listo para empezar a cocinar que no poder encontrar tu receta. Mantenga las cosas organizadas encontrando un sistema para archivar sus recetas que pueda tener a mano en la cocina. Una gran opción es comprar uno de esos álbumes de fotos en los que quitas una hoja de plástico y debajo hay una superficie pegajosa. ¡Esto hace que las recetas sean fáciles de encontrar y en cualquier momento puede eliminarlas o reemplazarlas!

6 Evite que los alimentos se peguen a la sarten

Para evitar que la comida se pegue al fondo de las ollas, trate de evitar poner alimentos fríos en una olla caliente. Además, no coloque alimentos en una sartén que no esté perfectamente limpia, de lo contrario, la acumulación resultante podría provocar que se quemen los alimentos.

7 Evite que el agua hierva

Para evitar que las cacerolas se desborden al cocinar, agregue una capa fina de mantequilla alrededor del borde de la cacerola. Esto funciona bien con arroz, pasta y patatas.

8 Evite rezumar claras de huevo

¿Sus huevos rezuman algo de su clara cuando los hierve? Esto se debe a que cada huevo contiene una bolsa de aire en el extremo redondeado más grande. Cuando se coloca en agua hirviendo, la bolsa de aire se expande y crea una presión atmosférica más alta dentro del huevo que en el agua. El frágil caparazón se agrieta por la presión acumulada. Evite este problema en el futuro sacando los huevos del refrigerador y perforando el extremo más grande con un alfiler. ¡Esto le dará al aire un agujero por donde escapar!

9 Corta panes y pasteles perfectamente cada vez

Puede sonar extraño, pero el hilo dental se puede usar para cortar pan y pasteles para obtener siempre una rebanada perfecta. Esta es también la forma más fácil de cortar un pastel en capas por la mitad para que pueda agregar un relleno. Para obtener resultados perfectos, congele el pastel antes de cortarlo.

10 Obtenga más jugo de los cítricos

Cuando una receta requiere jugo de limones, limas o naranjas, asegúrese de obtener hasta la última gota rodando primero la fruta debajo de la palma de la mano sobre una superficie dura. Presione hacia abajo tan fuerte como pueda mientras rueda. Luego, simplemente córtelo por la mitad y apriete. Descubrirá que obtiene significativamente más jugo para agregar mucho sabor a su plato.

11 Pelar el ajo fácilmente

Pelar ajo puede ser frustrante a menos que conozca este pequeño consejo que usan los profesionales. Coloque un clavo plano sobre una superficie dura y luego presione con fuerza con el lado plano de un cuchillo grande. Una vez que haya presionado lo suficiente, escuchará un "pop" que le indicará que la cáscara se ha separado. Incluso con este truco tus dedos sin duda olerán a ajo. Deshazte de ese olor lavándolos bien con sal.

12 Repara huevos rotos

Si tiene un huevo que se rompe al hervir, simplemente agregue un tapón de vinagre al agua y observe cómo la cáscara del huevo se sella. Sin embargo, desafortunadamente, si los blancos han comenzado a rezumar, este truco no funcionará.

13 Asegúrese de que el aceite esté caliente antes de freír los alimentos

Aunque no son la opción más saludable, los alimentos fritos saben bien. La clave para una fritura perfecta es calentar el aceite antes de poner la comida (aunque no tan caliente como para que esté humeante, ¡ten cuidado!). Si no calientas el aceite, la comida absorberá demasiado aceite y sabor grasoso. Para probar si el aceite está lo suficientemente caliente para freír, agregue una gota de agua o incluso un pequeño trozo de lo que está cocinando. Si burbujea rápidamente, entonces sabrá que está listo

14 Obtenga la temperatura adecuada para freír

¿Su aceite siempre parece tener la temperatura incorrecta? Una forma sencilla de saber si el aceite está lo suficientemente caliente es usar un cubo de pan. Si el pan se dora en un minuto, el aceite está entre 350 y 365 grados, 40 segundos - 365 y 382 grados, 20 segundos - 382 y 390 grados. O, si tiene uno, puede usar un termómetro. Solo asegúrese de que sea un termómetro de metal diseñado para freidoras.

15 Una sustitución de huevos

¿Necesitas un huevo para una receta pero estás fuera? Puede sustituir dos cucharadas de mayonesa real por un huevo grande en cualquier receta. Sin embargo, asegúrese de no usar aderezo para ensaladas batidas a menos que desee la sal adicional que contiene.

16 Usos interesantes para las manzanas

Es posible que haya escuchado antes que es mejor mantener las manzanas almacenadas por separado de otras frutas y verduras porque emiten gases que aceleran la maduración. Bueno, esos mismos gases son útiles para algunas cosas. Una cuña de manzana en la bolsa ablandará el azúcar morena aglomerada durante la noche. También evitará que las patatas broten.

17 Retire la grasa de las sopas

Quite la grasa de las sopas caseras agregando cuatro cubitos de hielo. La grasa se congelará alrededor del hielo, que luego se puede quitar. Esto enfriará la sopa, por lo que es posible que deba recalentar después de completar el proceso.

18 Sirve un ponche perfecto

Cuando se sirve ponche, generalmente se deja en una mesa de buffet para que todos puedan servirse. Por eso es importante mantenerlo frío. Sin embargo, en lugar de hielo, que diluirá el ponche, congele un poco del ponche de antemano y úselo.

19 Evita que los sándwiches prefabricados se empapen

Para evitar que los sándwiches de la hora del almuerzo se empapen, unte ambos pedazos de pan hasta los bordes con mantequilla, mostaza o mayonesa. Luego envuelva el sándwich en papel encerado o film transparente. O es posible, armar el sándwich justo antes de comer. Simplemente empaca el pan y el relleno por separado.

20 Siempre marina los alimentos en un plato de vidrio o cerámica

La mayoría de los adobos contienen un ingrediente ácido, como jugo de limón, vinagre o vino, que puede reaccionar con el metal y causar sabores desagradables en la comida. Para ahorrar en la limpieza, intente marinar su pescado o carne en una bolsa de plástico grande con cierre de cremallera. Coloque la bolsa en un plato o en un tazón poco profundo y refrigere, girando el tazón de vez en cuando para distribuir la marinada.

21 Reducir las salpicaduras de grasa

Pocas cosas son más sucias que salpicar grasa. Y si le entra en contacto con la piel puede ser doloroso. Reduzca las salpicaduras de grasa rociando grasa caliente con sal antes de agregar los alimentos a freír. Si esto no es completamente efectivo, puede comprar protectores contra salpicaduras de grasa en las tiendas de cocina.

22 Ralle fácilmente el queso

Haga que el queso rallado sea muy fácil arrojándolo en el congelador durante una hora antes de triturarlo. Esto hará que el queso se endurezca lo suficiente como para rallar sin comprometer el sabor o la textura.

CAPÍTULO 2

SALSAS Y CONDIMENTOS

23 Prepara salsa perfecta para pavo

¿Busca la salsa perfecta para acompañar su pavo de vacaciones? ¡Un gran consejo de los profesionales es usar té! Hierve una olla grande con agua y cuando pongas el pavo en el horno agrega dos bolsitas de té de pekoe de naranja. Deje reposar el té sobre la estufa hasta que el pavo esté listo y luego agréguelo a los jugos en la sartén. Espesar con una mezcla de harina y agua o maicena.

24 Tenga a mano el caldo de pollo

El caldo de pollo no solo es una manera fácil de agregar sabor a las salsas, sino que también se puede usar para agregar humedad al relleno seco. Y la variedad sin sal se puede utilizar para domar la salsa demasiado salada sin diluir el sabor.

25 Una sabrosa alternativa a la crema agria

¿Sin crema agria o buscando algo diferente? Considere una crema fresca rápida, que se puede preparar con una taza de suero de leche y tres tazas de crema espesa. Mézclalos y déjalos reposar en la encimera durante unos tres días. Luego guárdelo en el refrigerador hasta por dos semanas.

26 Reduce el poder del ajo y la cebolla

A veces no quieres un sabor fuerte a ajo o cebolla. Obtenga un sabor más suave salteándolos en mantequilla o aceite de oliva durante unos minutos antes de agregarlos a otros alimentos. Esto liberará su dulzura natural y le dará un sabor maravilloso.

27 Una forma fácil de pelar la raíz de jengibre

Para pelar fácilmente la raíz de jengibre, colóquelo en el congelador durante una hora antes de usar y luego quítele la piel con un cuchillo afilado. O intente usar el borde de una cuchara para pelar la raíz de jengibre a temperatura ambiente.

28 Use cebollas caramelizadas para agregar sabor

Las cebollas caramelizadas son una forma deliciosa de agregar sabor al puré de papas, verduras, sopas y salsas. Afortunadamente, se pueden preparar con anticipación y guardar en el refrigerador para que estén disponibles cuando los necesite. Para ello, pique las cebollas finas y agréguelas a la mantequilla o margarina derretida. Cocine a fuego muy lento hasta que las cebollas estén doradas. Asegúrese de que siempre haya mucha mantequilla o las cebollas se pondrán crujientes. Una vez caramelizados, transfiéralos a un recipiente de plástico mientras la mantequilla aún esté líquida y guárdalos en el refrigerador. Una vez solidificado, ¡es fácil tomar una cucharada cuando lo necesite!

29 Arregle las salsas grumosas

¿Tu salsa tiene demasiados grumos? Retírelo del fuego inmediatamente y tírelo en su procesador de alimentos para suavizar los grumos y mezclar los sabores. Agregue un poco de agua caliente si es necesario para ayudar a eliminar los grumos. Luego, vuelva a calentar según sea necesario y sirva.

30 Usando salsa de tomate prefabricada

La salsa de tomate comprada en la tienda es una alternativa fácil a hacer la tuya propia. Pero a veces es demasiado ácido o demasiado salado para el plato en el que lo está usando. Un buen consejo para reducir la acidez de la salsa de tomate es agregar aproximadamente un octavo de taza de azúcar. Para reducir la salinidad, agregue un poco de crema.

31 Use vino para agregar un sabor único a los platos

El vino es otra forma de condimentar sus platos, al igual que las hierbas y las especias. Realmente no hay reglas excepto las dictadas por su propio gusto. Generalmente, el tipo de vino que se debe usar en un plato es el que más disfrutaría beber con él. Los vinos blancos se suelen acompañar con pescados y carnes blancas, y los tintos con carnes oscuras. No se preocupe si el plato terminado contiene alcohol; el vino pierde su alcohol cuando se cuece a fuego lento el tiempo suficiente para que no quede ningún rastro de alcohol. Una forma fácil de crear una salsa es desglasar la sartén con vino. Si es necesario, espese con un poco de maicena.

32 Haga sus propios aderezos para ensaladas

Los aderezos para ensaladas comprados en la tienda están cargados de calorías y conservantes adicionales. Y una vez abiertos, a menudo se echan a perder mucho antes de que se agoten. Una gran alternativa es hacer tus propios apósitos. Para una vinagreta sabrosa, mezcle ¾ de taza de aceite con ¼ de taza de vinagre y sazone con sal, pimienta e incluso un poco de mostaza de Dijon. Para otras variaciones, intente agregar miel, vinagre balsámico, jugo de naranja, jarabe de arce, ajo o jugo de lima. Con un poco de experimentación, se sorprenderá de cuántos sabores excelentes puede crear!

33 Caldo, Caldo, Caldo y Consomé.

En recetas que requieran caldo de pollo o carne de res, puede usar caldo casero o enlatado preparado con cubos comprados o bases en polvo. (Sin embargo, asegúrese de observar la cantidad de sal que luego agrega a su receta porque algunos cubos y bases en polvo son muy saladas). El caldo, el caldo y el caldo son básicamente lo mismo: el líquido transparente que se produce cuando la carne, los huesos y las verduras se cuecen a fuego lento en agua para extraer el sabor y luego se cuelan. El caldo se puede hacer con carne, aves, pescado o verduras. El consomé es más fuerte que el caldo; es un caldo enriquecido con más carne y verduras y luego concentrado y clarificado. ¡Ahora lo sabes!

34 Espesa la salsa rápida y fácilmente

Una vez que el asado o el pavo están cocidos, siempre queda la tarea de hacer la salsa y esperar mientras espesa. Afortunadamente, ¡hay una forma más rápida! Espesa tu salsa agregando una cucharada de puré de papas instantáneo. Empiece por ahí y agregue más si es necesario hasta que tenga la consistencia adecuada.

35 Hierbas secas versus frescas

Las hierbas frescas son las mejores para darle sabor, pero si no están disponibles, use aproximadamente un tercio de la cantidad seca. Si una receta no especifica fresco o seco, puede asumir que significa seco, ya que las hierbas secas se usan con mucha más frecuencia. Independientemente de las hierbas que elija, si no está seguro de la cantidad, comience con solo un poco, pruebe con frecuencia y agregue más durante la cocción. Y para asegurarse de que está usando hierbas secas con la máxima cantidad de sabor, reemplácelas cada tres meses.

36 Agregue ajo a los aceites y vinagres

Los aceites y vinagres aromatizados con ajo brindan una manera rápida y fácil de agregar un poco de ponche a los aderezos para ensaladas, salteados y carnes. Una vez preparados, se pueden conservar indefinidamente y se pueden tomar cuando se desee para añadir un poco de sabor. Para hacer el suyo, simplemente pele los dientes de ajo y córtelos en tercios. Colóquelos en el fondo del vinagre o de la coctelera y déjelos durante unas semanas antes de usarlos.

37 Use adobos para agregar sabor

Una buena marinada agregará mucho sabor y jugos extra a las carnes y verduras. Pero tenga cuidado de no marinar por más tiempo de lo que indica la receta. Algunos alimentos, los mariscos en particular, se descomponen cuando se marinan en ingredientes ácidos como vinagre, vino o jugos de frutas cítricas. ¡El resultado puede ser un lío blando que nadie quiere comer!

38 Prepara una salsa más espesa

Para una salsa más espesa, mezcle un poco de mantequilla y harina en una sartén y cocine hasta que la mezcla esté suave y espesa. Agréguelo a su salsa picante para obtener una textura espesa y rica.

CAPÍTULO 3

CARNE Y AVES DE CORRAL

39
Elija cortes perfectos de carne roja

La carne roja, como la de res, cerdo y cordero, debe tener una superficie roja y húmeda sin signos de secado o película superficial. La grasa debe ser de un color blanco cremoso y no debe estar seca. Busque carne uniforme, bien cortada, libre de tendones y sin exceso de grasa. Para almacenar la carne, lo mejor es envolverla holgadamente en un plato y colocarla en la parte más fría de su refrigerador para que el aire pueda circular a su alrededor. La carne roja debe cocinarse o congelarse dentro de 2-3 días o comprarse.

40
Mantenga el empanado en las carnes.

Si una receta requiere cubrir la carne con pan rallado, refrigere las porciones empanizadas durante una hora o incluso durante la noche antes de cocinarlas. ¡Esto ayudará a que el empanado se adhiera cuando cocine la carne en lugar de pegarse al fondo de la sartén! Las carnes empanizadas incluso se pueden congelar y freír sin descongelar. Asegúrese de aumentar ligeramente el tiempo de cocción.

41
Congelar carne

Cuando congele carnes rojas o aves, envuélvalas muy bien o ciérrelas en una bolsa de plástico para evitar que el aire se eche a perder o se quemen en el congelador. Asegúrese de no apilar piezas una encima de la otra, pero empaque la carne lo más plana posible para que se congele rápidamente, lo que garantizará que su textura no se eche a perder. La carne debe descongelarse completamente en el refrigerador antes de cocinarla. Nunca descongele las aves de corral a temperatura ambiente o corre el riesgo de contaminación por salmonela.

42
Evite que el pastel de carne se pegue a la sartén

¿Cansado del pastel de carne que se pega a la sartén? Agregue una rebanada de tocino crudo antes de agregar la carne a la sartén y diga adiós al pegamento. Puede que no sea la alternativa más saludable, pero funciona (¡y sabe muy bien)!

43

Prepara un asado más exprimidor

Para mantener todos los jugos naturales dentro del asado, dórelo por todos lados en una sartén caliente con un poco de aceite vegetal antes de ponerlo en la fuente para asar. Solo se necesitan unos segundos por lado, ya que el objetivo no es cocinar la carne, sino endurecer el exterior para que los jugos no se salgan mientras se cocina. Luego, asegúrese de usar un tostador poco profundo para retener más humedad. Destape la carne a la mitad del asado para evitar una apariencia al vapor y dorar la parte superior del asado.

44

Haz hamburguesas más sabrosas

Las hamburguesas caseras son fáciles de hacer y saben mucho mejor que la variedad comprada en la tienda. Hazlos con carne molida mediana, un huevo y pan rallado o galletas saladas trituradas. Sazone con sus condimentos favoritos o agregue salsa barbacoa para darle un sabor ahumado. Para hamburguesas más jugosas, agregue un octavo de taza de agua helada a su carne o pavo antes de formar las hamburguesas.

45

Elija aves de corral perfectas

Al elegir las aves de corral, la piel debe ser de un color cremoso claro y debe estar húmeda. También debe estar intacto sin manchas oscuras. Las aves de corral frescas deben almacenarse sin apretar en un plato en el refrigerador hasta por 2 días.

46

Consigue pollo frito más crujiente

Para un pollo frito más crujiente, agregue una cucharadita de polvo de hornear a su mezcla de recubrimiento, luego cubra y fría como lo haría normalmente. Recuerde asegurarse de que el aceite esté muy caliente antes de agregar el pollo para evitar un sabor grasiento abrumador.

47

No salar la carne antes de cocinarla

Uno de los mayores pasos en falso cuando se trata de cocinar carne es salarla antes de cocinarla. Lo que realmente hace la sal es extraer los jugos e impedir que la carne se dore. En su lugar, agregue sal una vez que la carne ya esté medio cocida. Luego pruébelo cuando esté listo y si necesita más sal, puede agregarlo. ¡El resultado es una carne jugosa y sabrosa que no contiene más sal de la que necesita!

48

Cocinar aves de corral

A pesar de lo que haya escuchado, las aves de corral no necesitan lavarse antes de cocinarlas. Límpielo con un paño húmedo si es necesario. Si se ha congelado, límpielo con papel absorbente para eliminar el exceso de humedad. Siempre asegúrese de que las aves estén bien cocidas. Para probar si está listo, pinche la carne en la parte más gruesa con un tenedor. Si los jugos salen claros, entonces está cocido.

49

Cocinar pescado

Para minimizar la pérdida de humedad al asar, hornear o saltear pescado, es importante usar un fuego relativamente alto y cocinar el pescado por un tiempo corto. Cuando cocina el pescado más de lo necesario, los jugos y sabores se pierden, dejando el pescado seco y masticable. Además, el pescado recocido es propenso a desmoronarse.

50

Asa las carnes a la perfección

Para carnes asadas tiernas y jugosas, sustituya el agua por vino, té o cerveza en sus recetas favoritas. Estos líquidos ayudan a ablandar la carne más que el agua y le dan un rico sabor a lo que esté cocinando. Anímate y pruébalo, te sorprenderás de la diferencia que hace.

51 Haz un pastel de carne perfecto

Si no quiere que su pastel de carne se empape con gotas de grasa y agua mientras se cocina, invierta en uno de los nuevos moldes para pastel de carne con una rejilla incorporada. Los orificios en la parte inferior de la rejilla permiten que los jugos se escurran de la carne. ¡El resultado es un pastel de carne perfecto en todo momento!

52 Los diferentes contenidos de grasa en la carne molida

En la mayoría de los casos, la carne molida regular es una mejor compra que la mediana o magra. Y algunos alimentos, como las hamburguesas, son más tiernos y sabrosos cuando se preparan con carne molida normal debido al contenido extra de grasa. Cualquier exceso de grasa se puede eliminar fácilmente. Por lo tanto, a menos que la carne molida mediana esté a la venta o no sea un 7% más cara que la carne molida normal, no es una buena compra.

53 Cocine rápidamente el pollo para recetas que requieran pollo precocido

Un método fácil de preparar pollo para recetas que requieren pollo precocido es "escalfarlo". Esto implica hervirlo lentamente en líquido. Puede ser agua, caldo, jugo de frutas, vino o una combinación de estos. Escalde el pollo hasta que esté tierno, aproximadamente de 15 a 20 minutos, luego córtelo o córtelo en rodajas como se especifica en la receta.

CAPÍTULO 4

BARBACOA

54 Asa el bistec perfecto en todo momento

Alguna vez ha tenido dificultades para saber si un bistec está bien cocido? En lugar de pincharlo con un tenedor o cortarlo para abrirlo (ambos hacen que se agoten los jugos), aprenda a distinguir tocando el exterior. Para ver un ejemplo de cómo se siente un bistec en las diferentes etapas de la cocción, no busque más allá de su propia mano. Toque el pulgar con el dedo índice y luego sienta la parte carnosa de la mano debajo del pulgar. Así es como se sentirá un filete medio crudo. Su dedo medio tocado con su pulgar muestra medio. Su dedo anular a su pulgar es medio bien. Y, por último, su dedo meñique al pulgar está bien hecho.

55 Prepare la parrilla de la barbacoa correctamente

Para una mejor barbacoa, cepille su parrilla caliente con una fina capa de aceite antes de cocinar o cubra su parrilla con una capa de papel de aluminio cubierta con aceite en aerosol. Esto asegurará que la carne no se pegue y deba ser arrancada de la parrilla.

56 Nunca use un tenedor para asar a la parrilla

Cuando pinchas la carne con un tenedor, dejas que fluyan los jugos naturales. Como resultado, su carne termina seca y dura. En su lugar, use pinzas o herramientas para asar para girar y voltear la carne mientras mantiene los jugos encerrados.

57 Coloque los alimentos en el lugar correcto de la parrilla

Las barbacoas emiten calor de una manera muy diferente a su estufa u horno. Para asegurarse de que su comida esté bien cocida y no se queme, asegúrese de asar las carnes y verduras aproximadamente a 4 "de la fuente de calor. Con el pollo, que es más probable que se queme, lo mejor es una distancia de 6 "-8".

CAPÍTULO 5

FRUTAS Y VEGETALES

58 Maíz en mazorca rápido y fácil

La forma más sencilla de cocinar una mazorca de maíz perfecta es meter una mazorca en el microondas durante tres minutos. Luego, retira las cáscaras, agrega un poco de sal y mantequilla y disfruta.

59 Blanquear verduras

Blanquear verduras significa hervirlas durante cinco o seis minutos antes de usarlas en una receta. Esto es particularmente útil para vegetales más duros como zanahorias, brócoli y coliflor que tardan más en cocinarse. De lo contrario, terminará con verduras demasiado crujientes.

60 Dale volumen a las verduras blandas

Dele una segunda oportunidad a las verduras blandas sumergiéndolas en agua helada para que queden crujientes después de una refrigeración prolongada. Esta es una gran técnica para la lechuga y el apio, que parecen debilitarse más rápido. Este truco también funciona con hierbas blandas.

61 Saltear verduras

Las verduras salteadas son una opción de guarnición rápida y fácil. O sírvalos sobre fideos o arroz para una comida deliciosa. El secreto para sofreír es tener la sartén o el wok muy caliente y las verduras cortadas en trozos de tamaño similar para que se cocinen de manera uniforme. Grandes opciones son pimientos, champiñones, cebollas, zanahorias, guisantes y frijoles. Evite las verduras con almidón como las patatas y el ñame. Las verduras salteadas deben aromatizarse cerca del final del tiempo de cocción para obtener los mejores resultados.

62 Evite que las verduras blancas se pongan amarillentas

Cuando cocine verduras blancas, use una olla de color claro y agregue una pizca de azúcar para mantener el color blanco y evitar que se amarilleen.

63 Mida las verduras y frutas correctamente para las recetas

Cuando use una receta que le pide que incluya una cantidad específica de una fruta o verdura, a veces puede resultar confuso saber cuánto significan. La regla general es que si la receta dice "1 taza de zanahorias en cubitos", primero las corta en cubitos y luego mide 1 taza. Si pide "1 zanahoria, cortada en cubitos", entonces quiere que corte una zanahoria en cubitos. Sin embargo, la mayoría de las recetas son bastante indulgentes; así que no se preocupe demasiado por obtener la cantidad perfecta.

64 Asar verduras

Hay muchas verduras que pueden ser zanahorias, patatas, cebollas, pimientos y calabazas. Para obtener los mejores resultados, cubra las verduras uniformemente con aceite y agregue los condimentos antes de ponerlas en una fuente para asar antiadherente. Una excelente manera de asegurarse de que no se peguen (y de facilitar la limpieza) es forrar la bandeja con papel pergamino. Asegúrese de que las verduras estén distribuidas uniformemente y no se superpongan entre sí.

65 Madure los tomates durante la noche

Poner tomates verdes en una bolsa de papel marrón con un plátano demasiado maduro puede hacerlos madurar rápidamente. ¡Por la mañana, sus tomates verdes estarán rojos y listos para comer!

66 Cocine perfectamente las verduras al vapor cada vez

Cocinar al vapor es una forma fácil de cocinar verduras y es una excelente manera de retener sus vitaminas solubles en agua. Casi todas las verduras se pueden cocer al vapor, excepto las que contienen almidón, como las patatas. Cuando cocine al vapor, asegúrese de que las verduras se corten en trozos del mismo tamaño para que se cocinen de manera uniforme. Para cocinarlos al vapor, colóquelos en un vapor de bambú o de metal, coloque la tapa sobre la vaporera y colóquela sobre una cacerola con agua hirviendo. Siempre cocine al vapor las verduras con el mayor calor posible para evitar que se empapen y cocinarlas más rápido.

67 Haga que las cebollas salteadas sean aún más dulces

Para las cebollas salteadas más sabrosas, agregue unas gotas de miel a la sartén después de calentar el aceite o la mantequilla y antes de agregar las cebollas. O si no tiene miel, agregue un poco de azúcar encima de las cebollas una vez que comiencen a ablandarse. Esto es especialmente sabroso si usará las cebollas en una pizza, bistec o hamburguesa.

68 Pele fácilmente los melocotones y los tomates

Siempre que tenga que pelar melocotones o tomates, la forma más fácil es sumergirlos primero en agua hirviendo durante 30 segundos. Luego use un cuchillo de cocina afilado para quitar la cáscara.

69 Prepara deliciosas ensaladas

Si solo ha usado lechuga iceberg para hacer ensaladas, ahora es el momento de diversificarse y probar algo nuevo. Las lechugas de hoja roja y verde son una alternativa excelente y más saludable. Para hacer la ensalada perfecta, asegúrese de conseguir un centrifugador de ensaladas económico. Nada es más desagradable que las hojas de lechuga empapadas. Y el agua extra diluirá el sabor de tu aderezo.

70 Cocine las verduras al vapor sin una vaporera

¿No tienes vaporera? Haga suficientes bolas pequeñas de papel de aluminio para cubrir el fondo de su sartén y llénelas con agua hasta la mitad de la altura de las bolas de papel de aluminio. Hierve el agua y una vez que esté hirviendo agrega lo que estés cocinando. Espere que esté terminado en unos 10-15 minutos.

71 Use verduras en puré

Las verduras en puré son un excelente espesante para salsas y guisos. Considere hacer puré con las sobras y congelarlas en pequeñas bolsas de plástico. Solo asegúrese de calentar bien antes de agregarlo a una salsa picante.

72 Pimientos rojos asados

Lave y coloque los pimientos rojos enteros en la parrilla. Ase a la parrilla a temperatura ALTA para quemar la piel alrededor. Esto toma de 15 a 20 minutos. Sabrá que han terminado cuando su piel esté negra y se separe de la carne en algunos lugares. Luego enfríelos en una bolsa de papel para aflojar la piel ennegrecida. Simplemente pélelos y quíteles las semillas. Los pimientos rojos asados son un excelente aderezo para pizzas, hamburguesas y quesadillas, ¡o son deliciosos por sí solos!

CAPÍTULO 6

PASTA, ARROZ Y PATATAS

73 Cocinar pasta fresca

La pasta fresca necesita menos agua que la pasta seca. Para cocinar pasta fresca, tenga lista una cacerola grande con agua hirviendo rápidamente. Asegúrese de tener suficiente agua hirviendo para que la pasta se cocine. Agregue un poco de aceite al agua para que la pasta no se pegue. Agregue la pasta a la sartén, asegúrese de que el agua permanezca hirviendo y revuelva lentamente durante 10 segundos para separar la pasta. Hierva la pasta durante 2 a 4 minutos, según el tipo que esté usando.

74 Desenreda los espaguetis antes de servir

Si ha dejado que los espaguetis se enfríen durante demasiado tiempo y se enredan, tírelos de nuevo al agua caliente y revuelva con una cuchara grande. Luego, escurre y enjuaga la pasta en agua fría inmediatamente. Puede agregar un poco de aceite de oliva si lo desea, pero no es una necesidad.

75 Pasta Al Dente

Al dente significa "al diente". Cuando esté cocida, la pasta debe estar suave pero aún firme cuando la muerdas. La forma más fácil de saber si la pasta está al dente es sacar un trozo de la cacerola y probarlo entre los dientes. La pasta debe tener algo de textura cuando la muerdas, pero no debe estar seca y dura en el medio.

76 Cocinar pasta seca

El error más común al cocinar pasta seca es no tener suficiente agua hirviendo. Tenga lista una cacerola grande con agua hirviendo rápidamente. Agregue un poco de aceite y pasta a la sartén y revuelva durante 20 segundos para separar la pasta. Hervir durante 10-14 minutos dependiendo de la forma de la pasta y la harina utilizada. Escúrrelo y cómelo inmediatamente sin aceite o mantequilla extra si lo vas a tomar caliente. Para pasta fría, enjuáguela con agua tibia y luego con agua fría.

77 Pasta perfectamente cocida en todo momento

Para una pasta perfecta, ¡no hierva los fideos! En su lugar, hierva el agua y luego apague el fuego y agregue la pasta. Tape y revuelva la pasta cada cinco minutos durante veinte minutos. Su pasta nunca se cocinará demasiado y siempre estará perfecta.

78 Prepara un arroz más esponjoso

Para un arroz más esponjoso, agregue una cucharadita de jugo de limón al agua antes de agregar el arroz. No cambiará el sabor, pero rellenará los granos para darle un arroz perfecto.

79 Agregue sabor al arroz

En lugar de usar agua corriente al hervir el arroz, pruebe con caldo de pollo, caldo de res o incluso jugo de tomate. Sírvelo tal cual o agrega aún más sabor salteando algunas verduras en aceite de oliva y ajo y agregándolas para una guarnición deliciosa y saludable.

80 Reduce la pegajosidad de la pasta y el arroz

El almidón de las pastas y los arroces a menudo hace que se peguen. Evite esto agregando un chorrito de vinagre al hervirlos. El resultado será siempre pasta y arroz perfectos y sin adherencias.

81 Prepara las papas al horno más esponjosas

Empiece por elegir una papa con alto contenido de almidón. Russets e Idahos son buenas opciones. Antes de introducir las patatas en el horno, pincha varias veces con un cuchillo para que salga el vapor durante la cocción. Nunca envuelva sus papas, ya que hará que se cocinen al vapor en lugar de hornearse. Cuando sirva sus papas horneadas, corte un corte en la parte superior y exprima los lados de la papa antes de agregar los ingredientes.

82 Suaviza la piel de las patatas al horno

¿Le gusta comerse la piel junto con sus patatas al horno? Hágalo suave y delicioso frotando el exterior de sus patatas con un poco de aceite vegetal antes de colocarlas en un horno caliente. Agregue un poco de mantequilla y crema agria, incluso un poco de queso rallado si lo desea, ¡y tendrá un acompañamiento perfecto!

83 Haz un puré de papas perfecto

Ya sea que le gusten solos, bañados en mantequilla o ahogados en salsa, el puré de papas es un excelente acompañamiento para muchas comidas diferentes. Para hacerlos como los profesionales, comience poniendo varios dientes de ajo enteros en el agua con las papas hirviendo. El ajo se cocinará y una vez machacadas las patatas les dará un sabor maravilloso. Mientras tritura, agregue suero de leche, queso crema, crema agria, mantequilla o una combinación de estos. ¡Experimenta para encontrar el sabor que más te guste!

84 Hornea las papas en un santiamén

¿Los necesitas rápido? Puedes cocinar papas en el microondas, pero siempre quedan mejor en el horno. Para hornearlas rápidamente, corta las papas por la mitad a lo largo y hornéalas con la parte plana hacia abajo. Asegúrese de engrasar la bandeja para hornear y simplemente colóquelos en un horno a 375 grados durante aproximadamente media hora.

CAPÍTULO 7

HORNEAR

85 Evite que el pastel de queso se agriete

Los pasteles de queso a menudo se agrietan en la parte superior porque pierden humedad mientras se cocinan. Si está agregando un aderezo, no importa, pero si está sirviendo el pastel sin nada encima, es bueno que se vea perfecto. Evite que se agriete colocando un plato pequeño de agua en la rejilla al lado de su pastel mientras se cocina. Esto lo mantendrá húmedo y sin grietas!

86 Asegúrate de que tu levadura esté fresca

La levadura es un organismo vivo. Y para que funcione, debe estar vivo cuando lo use. Para probar si la levadura está activa, combínela con la cantidad de agua tibia solicitada en la receta. Luego agregue una pequeña cantidad de azúcar (1/8 de cucharadita es todo lo que se necesita). El azúcar actúa como alimento para la levadura y, si está viva, comenzará a burbujear en aproximadamente 10 minutos. Si no hay burbujas, entonces sabrá que la levadura no es buena.

87 La clave de una gran pastelería son los ingredientes fríos

Hacer tu propia pastelería a veces puede ser un desafío. Pero una vez que lo domines, disfrutarás tenerlo como parte de tu repertorio de repostería. Para obtener una masa realmente fabulosa, la clave es asegurarse de que TODOS los ingredientes estén fríos antes de mezclarlos, ¡incluida la harina! Luego, una vez que hayas formado la masa, refrigérala durante al menos 30 minutos para que sea más fácil de enrollar.

88 Agrega algo extra a tus pasteles

La mayoría de las recetas de pasteles requieren la misma masa de pastel simple. ¡Aburrido! En su lugar, cree su propia variación agregando especias a su masa, como canela, nuez moscada o incluso jengibre. Otra gran idea es agregar nueces molidas o incluso migas de galletas en la parte superior de la corteza inferior antes de agregar el relleno. Sin embargo, asegúrese de presionarlos un poco para que permanezcan como parte de la corteza.

89 Haz una masa de pastel más hojaldrada

Agregue una cucharadita de vinagre muy frío en lugar de una cucharadita de agua helada para obtener una corteza de pastel más escamosa. Sin embargo, asegúrese de que haga mucho frío. Esto ayuda a que la grasa se enfríe y evita que libere su contenido de agua y humedezca la harina. Cuando esto sucede, se desarrolla el gluten y el resultado es una pasta dura en lugar de ligera y escamosa. Lo ideal es que también dejes reposar la masa en el refrigerador durante la noche antes de usarla para que se enfríe nuevamente.

90 Tostar nueces para intensificar su sabor

Tostar nueces antes de usarlas en recetas intensifica su sabor. Para tostar nueces colóquelas en una sartén seca a fuego medio. Agite la sartén con frecuencia y ase durante cuatro o cinco minutos hasta que esté fragante. Deje enfriar antes de usar. Debido a que las nueces tienen un alto contenido de grasa, se vuelven rancias rápidamente. La mejor manera de almacenar las nueces sin cáscara es en un recipiente hermético en el refrigerador, donde se mantendrán durante unos cuatro meses.

91 Prueba si tu polvo de hornear es fresco

El polvo de hornear es un leudante que contiene una combinación de bicarbonato de sodio, un ácido (como el cremor tártaro) y un absorbente de humedad (como la maicena). El polvo de hornear libera burbujas de gas de dióxido de carbono cuando se mezcla con líquido, y esto es lo que hace que los panes y pasteles se eleven. Sin embargo, el polvo de hornear pierde su potencia con el tiempo, así que si ha tenido el mismo suministro durante eones, asegúrese de probar si el polvo de hornear sigue siendo bueno. Vierta ¼ de taza de agua caliente del grifo sobre ½ cucharadita de polvo de hornear y observe: cuanto más fresco esté el polvo, más activamente burbujeará. Si ocurre una reacción débil, o ninguna en absoluto, ¡sus productos horneados terminarán aplanados!

92 Use bayas congeladas en productos horneados

Las bayas congeladas pueden saber tan bien como frescas cuando se usan en productos horneados. Busque bayas enteras sin almíbar. Ni siquiera tiene que molestarse en descongelarlos antes de agregarlos a su masa. Sin embargo, es posible que deba agregar unos minutos a su tiempo de cocción porque enfriarán la masa.

93 Derretir chocolate sin quemarlo

Derretir chocolate sin riesgo de quemarse! Simplemente rompa el chocolate en trozos pequeños, colóquelos en una bolsa sellada y colóquelos en un recipiente con agua caliente. Aprieta la bolsa cada cinco minutos hasta que el chocolate alcance la consistencia adecuada.

94 Crea un maravilloso sabor a vainilla

¿Echas de menos el extracto de vainilla real? Remoje dos vainas de vainilla en un litro de vodka durante unos tres meses, agitando bien todas las mañanas. Al cabo de tres meses, tendrás un delicioso saborizante de vainilla natural para usar en tu repostería.

95 Derretir el chocolate perfectamente cada vez

La forma más fácil de derretir chocolate es en el microondas. Pero asegúrese de revolverlo con frecuencia porque puede arder. ¿El chocolate se vuelve grumoso cuando intentas derretirlo? ¡Nunca agregue leche o agua, porque empeorará el problema! Simplemente agregue una cucharada de aceite o manteca sólida y mezcle bien.

96 Mantén firme la gelatina

La gelatina es una de las favoritas de los niños, pero tiende a "derretirse" después de sentarse un rato. Una cucharadita de vinagre mantendrá la gelatina más firme incluso en los días más calurosos del verano. Simplemente agréguelo en lugar de una cucharadita de agua fría.

97 Estirar la masa sin un lío pegajoso

Los profesionales usan una losa de mármol para extender la masa para que la limpieza sea fácil. Si no lo tiene, use una hoja grande de papel encerado que esté "anclado" a su encimera. Para hacer esto, simplemente humedezca la parte posterior del papel con agua antes de colocarlo. Esto lo mantendrá en su lugar mientras trabaja. Cuando haya terminado, simplemente tírelo y no habrá pedazos pegajosos que limpiar.

98 Consigue claras de huevo más esponjosas

Las claras de huevo esponjosas son una excelente manera de agregar ligereza a su horneado. Cuanto más esponjosos son, más aire contienen, lo que mejora el resultado final. Para obtener las claras de huevo más esponjosas, nunca golpee con la batidora el recipiente que contiene las claras. La vibración hará que pierdan su consistencia esponjosa.

99 Evite hundirse en sus productos horneados

Puede evitar que ingredientes como chispas de chocolate, nueces y frutos secos se asienten en el fondo de su pastel cubriéndolos con una ligera capa de harina antes de mezclarlos con la masa. La harina absorbe parte del aceite y el agua de la superficie que exudan estos ingredientes durante la cocción, reduciendo su tendencia a hundirse hasta el fondo.

100 No tires tus plátanos marrones

Retire la cáscara y mezcle los plátanos demasiado maduros en una bolsa Ziploc grande apta para el congelador. Congele hasta que tenga suficiente para un poco de pan de plátano, muffins de plátano o un batido de frutas. Dado que los plátanos ya están pelados, puede medir fácilmente exactamente cuánto necesita y simplemente dejar el resto en el congelador para la próxima vez.

101 Haga galletas de avena y muffins más sabrosos

Agregue un sabor diferente a sus galletas de avena y muffins horneando avena en una sartén poco profunda durante unos diez minutos antes de agregarla a la mezcla. Asegúrese de que no se ponga demasiado marrón o tomará un sabor amargo.

101

TIPS Y TÉCNICAS PARA COCINAR

Made in the USA
Las Vegas, NV
11 December 2021